Marco Giulio Barone

Conjuntos de ferramentas para a tomada de decisões e o planeamento estratégico

Marco Giulio Barone

Conjuntos de ferramentas para a tomada de decisões e o planeamento estratégico

Tendências actuais, possíveis desenvolvimentos

ScienciaScripts

Imprint

Any brand names and product names mentioned in this book are subject to trademark, brand or patent protection and are trademarks or registered trademarks of their respective holders. The use of brand names, product names, common names, trade names, product descriptions etc. even without a particular marking in this work is in no way to be construed to mean that such names may be regarded as unrestricted in respect of trademark and brand protection legislation and could thus be used by anyone.

Cover image: www.ingimage.com

This book is a translation from the original published under ISBN 978-3-659-27763-4.

Publisher:
Sciencia Scripts
is a trademark of
Dodo Books Indian Ocean Ltd. and OmniScriptum S.R.L publishing group

120 High Road, East Finchley, London, N2 9ED, United Kingdom
Str. Armeneasca 28/1, office 1, Chisinau MD-2012, Republic of Moldova, Europe
Printed at: see last page
ISBN: 978-620-8-01736-1

ÍNDICE DE CONTEÚDOS

Sobre o autor

Marco Giulio Barone é analista e coordenador editorial (Defesa e Segurança, Geopolítica) do Il Caffè Geopolitico, um jornal italiano em linha sobre geopolítica. É autor de mais de 90 artigos e análises sobre uma vasta gama de assuntos e questões internacionais. É também editor da Miscela Strategica, uma série especial sobre geoestratégia e assuntos militares. Além disso, coordena as actividades conjuntas entre Il Caffè Geopolitico e o TWAI - Torino World Affains Institute. Na qualidade de investigador associado do TWAI, apoiou a escola de verão "Engaging Conflict Summer School" e é cofundador da Human Security, a revista académica da divisão de investigação Violence & Security.

Formado no Centro de Análise Político-Militar do Hudson Institute, trabalha atualmente como analista geopolítico e consultor para governos, empresas privadas e grupos de reflexão, incluindo a empresa de consultoria de crowdsourcing Wikistrat, nas divisões de Contraterrorismo e Ásia Oriental, com o posto de Supervisor de Simulação e Analista Contribuinte.

Além disso, Marco Giulio é colaborador regular (analista, escritor) do Monch Publishing Group (Military Technology, Naval Forces, RID - Rivista Italiana Difesa), a maior organização mundial no domínio das revistas profissionais de defesa e segurança, e do International Security Observer, um grupo de reflexão em linha com sede em Bruxelas.

A experiência de Marco Giulio inclui geoestratégia, modelação de simulação, supervisão de simulação, análise de tomada de decisões, análise OOB, análise de tendências da indústria de defesa, consultoria estratégica, formação de equipas e gestão de equipas.

1. Introdução

O processo de tomada de decisão tem a ver com os comportamentos humanos que fundamentam (ou concorrem para) as vias políticas de um ator quando se trata de escolher entre múltiplas opções. Dado que um vasto leque de actores contribui para moldar as crises actuais, o Estado já não é o único decisor relevante no terreno. Os novos actores e os seus decisores estão envolvidos num espaço geopolítico multidimensional, cujas caraterísticas específicas já não são apenas a geografia, a política e a economia. Compreender os comportamentos de todos os intervenientes envolvidos num cenário que se desenvolve a vários níveis exige um conhecimento granular de qualquer situação específica, sem perder de vista o panorama geral. Não é uma solução fácil, especialmente quando a caixa de ferramentas para o conseguir se revela inadequada. Há várias tendências globais que sugerem que não se trata de uma questão de métodos, mas sim de escolhas políticas. Esta é apenas uma parte da verdade. É claro que a liderança mal orientada, a política interna hiper-partidária e o impacto de um fluxo contínuo de notícias pontuais que reduzem o horizonte caracterizam o mundo atual. Num tal ambiente, os dilemas de tomada de decisões serão amplificados exponencialmente. No entanto, é demasiado tarde para inverter a tendência, uma vez que o mundo já mudou o suficiente para ter de lidar com novas dinâmicas. Como o mundo vai sempre em frente e não dá passos atrás, é irrealista pensar que virão homens sábios que farão o relógio andar para trás. Pelo contrário, os decisores têm tido sempre espaço para estabelecer uma nova normalidade. Que não é necessariamente melhor ou pior do que o antigo, mas será diferente. Assim, na medida em que o mundo muda - e fá-lo a uma velocidade sem precedentes - os conjuntos de ferramentas para lidar com ele têm de estar actualizados. Não há necessidade de deitar tudo fora. Mas a caixa de ferramentas precisa de ser arrumada e completada com algumas ferramentas novas. Este livro pretende contribuir para a atualização dos actuais conjuntos de ferramentas de tomada de decisão.

Para os decisores públicos e privados, pode ser interessante avaliar a sua compreensão do mundo atual e verificar até que ponto o seu planeamento estratégico é coerente. Além disso, a oferta de serviços de informação e de apoio à tomada de decisões do lado da oferta pode levá-los a escolher conjuntos de ferramentas cada vez mais precisos para fornecer mais informações, mas poucos conhecimentos. As metodologias de extração de informação devem ser actualizadas. Os decisores devem estar conscientes do que precisam exatamente, nomeadamente a análise contextual de dados relevantes em vez de enormes fluxos de dados.

Para os estudantes, esta leitura preenche uma lacuna existente em algumas instituições académicas. Em particular, as relações internacionais são frequentemente vistas como o campo da diplomacia, enquanto no mundo atual os domínios internacionais têm um impacto - direto ou indireto - mesmo nas pequenas e médias empresas cujas actividades estão enraizadas no território. Os alunos poderão aprender como as relações internacionais são hoje o domínio da tomada de decisões. E isto não se aplica apenas às relações entre Estados, mas também a um número crescente de domínios, como as políticas industriais, o avanço tecnológico, a investigação espacial, os estudos comportamentais, as tendências financeiras, etc.

Para os académicos, este manual abre um debate sobre as teorias e práticas de tomada de decisão. O debate académico pode beneficiar muito de uma abordagem pragmática da tomada de decisões. A investigação académica neste domínio tem o potencial de dar resposta a um dos temas mais controversos do mundo de hoje e de amanhã.

Para os políticos, o seu poder depende do consenso (sob qualquer forma), pelo que é normal que a salvaguarda do consenso seja o principal objetivo das suas decisões. No entanto, o consenso por si só não ajuda a enfrentar os desafios actuais. E o facto de não os enfrentar conduzirá provavelmente à queda, mais cedo ou mais tarde.

2. O palco: a geopolítica atual

Para compreender melhor o que os actuais conjuntos de ferramentas conseguem e não conseguem resolver, é indispensável uma premissa. Este capítulo tentará descrever as caraterísticas essenciais do atual conceito de espaço geopolítico. A maior parte das metodologias atualmente em uso tornaram-se obsoletas porque herdaram um conceito bastante clássico de espaço geopolítico.[1]

Em vez disso, o espaço geopolítico atual é multifacetado e composto por muitos fenómenos de natureza diferente (políticos, sociais, económicos, militares, ideológicos), insistindo num espaço que já não é predeterminado (por exemplo, um continente, uma região, uma nação), mas sim fluido, dependendo dos fenómenos que estamos a descrever.[2] Tendo em conta a relevância da comunicação, cada domínio que podemos querer analisar desenvolve-se não só num território físico, mas também no espaço e no ciberespaço, pelo menos até certo ponto.[3] Alguns exemplos podem dar uma ideia do que significam estas poucas frases complicadas.

Suponhamos que a análise se centra no Irão. Parece ser um ambiente clássico bastante simples

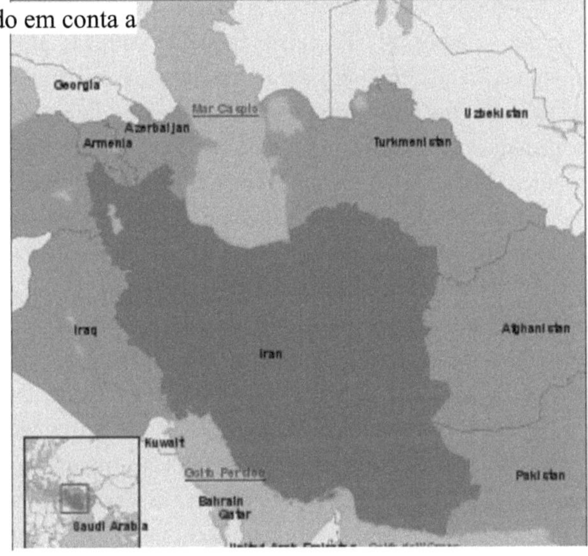

Figura 1 - Um mapa geográfico bastante clássico do Irão e dos seus vizinhos. O que é que ele pode dizer?

de descrever, uma vez que se trata de um Estado propriamente dito, com as suas e que insiste num território bem determinado. No entanto, o Irão pode ser descrito noutros termos, dependendo do ponto de vista que se pretenda explorar.

---

[1] Thual, F., Méthodes de la géopolitique - Apprendre à déchiffrer l'actualité, Ellipses, Paris, 1996, pp. 20-24

[2] Flint, C., Intertwined spaces of peace and war; the perpetual dynamism of geopolitical landscapes, in Kirsch, S. And Flint, C., Reconstructing conflict: integrating war and post-war geographies, Ashgate, Farnham, 2012, pp.31-48

[3] Geers, K., Cyberspace and the changing nature of warfare, SC Magazine, agosto de 2008

A título de exemplo, podemos referir que o Afeganistão, a Arménia, o Azerbaijão, o Iraque, o Paquistão e o Turquemenistão têm em comum o facto de fazerem fronteira com o Irão. Independentemente de a sua relação individual com Teerão, todos eles têm de enfrentar o desafio geográfico da fronteira com o Irão.

Cada um deles encontrará algumas vantagens e algumas desvantagens decorrentes da sua posição geográfica. Alguns acreditarão que as vantagens superam as desvantagens, outros terão ideias opostas. Assim, o conjunto de todos os países que fazem fronteira com o Irão é um espaço geopolítico e pode ser analisado como tal, podemos chamar-lhe "Países que fazem fronteira com o Irão" e rotulá-los como CBI. Por exemplo, se precisássemos de uma política para criar uma zona de comércio livre na região, ou se precisássemos de criar uma zona tampão em torno do Irão, teríamos de avaliar até que ponto existe uma correlação entre os actores que insistem no domínio da ICC que criámos. A CBI existe enquanto entidade política ou geográfica? Não, é uma convenção que emitimos para tratar de uma determinada questão local relativa ao Irão e sobre a qual temos de escolher um campo de ação. No fim de contas, a Terra também nunca existiu, mas tem sido usada e mal usada durante séculos. Por isso, a geopolítica clássica é interessante e fornece-nos uma caixa de ferramentas básica. Mas o aspeto mais convincente que podemos salientar é que um espaço geopolítico é uma construção artificial que ajuda a imaginar um palco que pensamos ser funcional para atingir um determinado estado final.[4]

O postulado seguinte é que os espaços geopolíticos podem ser determinados por interesses em vez de fronteiras físicas. Por exemplo, a orla do Pacífico, por definição, agrupa os Estados que se situam ao longo do Oceano Pacífico.[5] Fisicamente, esses países pertencem ao chamado "Anel de Fogo", com frequentes actividades vulcânicas. No entanto, uma vez que existe uma rede de interações entre os membros desta comunidade heterogénea, podemos estudar as decisões relacionadas com este espaço geopolítico, fundindo aspectos geográficos, políticos, económicos, sociais, espaciais e ciberespaciais, para descrever o palco em que os decisores irão atuar quando se trata de dinâmicas relacionadas com o facto de a sua ação se desenvolver nesse concurso. A descrição de um espaço geopolítico cuja fronteira se sobrepõe aos Estados é bastante simples, e o raciocínio em termos de interações interestatais ajuda apenas a habituarmo-nos à forma de raciocínio necessária para compreender o funcionamento da geopolítica contemporânea.

---

[4] "A géopolítica não é uma ciência, é um método, uma forma de dar a conhecer aos acontecimentos o seu significado profundo".
Thual, F., op.cit., pp.117-120.
[5] Wojtan, L.S., Teaching about the Pacific Rim, em ERIC Digest No. 43, ERIC, 1987

Figura 2- A orla do Pacífico numa projeção Mercator é difícil de visualizar. (Créditos: Howard the Duck)

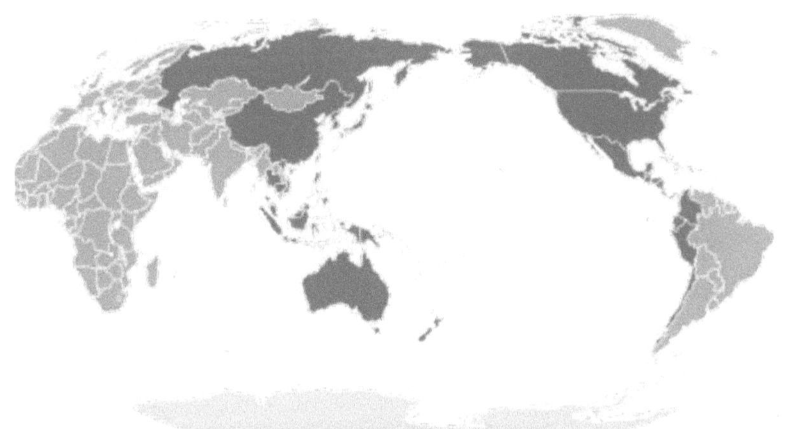

Figura 3 - A orla do Pacífico concebida como espaço geográfico (Credits: IfFffi

A fase seguinte consiste em imaginar um domínio geopolítico composto por elementos físicos e não físicos e que não dependa forçosamente de algo fisicamente existente, mas que tenha impacto na nossa vida.[6] De facto, alguns espaços geopolíticos estão enraizados na mente de determinados grupos de pessoas. Por exemplo, a ideia do Califado que alguns movimentos islamistas gostariam de reavivar no Médio Oriente e Norte de África ou a ideia de um emirado ou Estado completamente governado por regras islamistas extremas.[7] Estes espaços geopolíticos conquistaram os corações e as mentes de milhares de pessoas que lutaram por eles. Por conseguinte, torna-se um espaço cujas dinâmicas devem ser estudadas, especialmente quando podem ter um controlo sobre um território físico. Por exemplo, o Estado Islâmico tem tido uma

---

[6] Flint, C., ibid.
[7] Danforth, N., The Myth of the Caliphate - The Political History of an idea, in Foreign Affairs, 19 de novembro de 2014

espécie de domínio territorial, mas o seu sistema de alianças com tribos locais, aliado a combatentes que se encontram virtualmente noutros locais (mesmo em linha), torna o domínio do Estado Islâmico muito mais vasto e complexo do que os seus territórios reivindicados. Assim, os decisores que pretendam influenciar este ator (apoiando-o ou combatendo-o) precisam de ter um mapa claro das caraterísticas e da dinâmica do seu domínio geopolítico. Em suma, precisam de ter plena consciência do palco para nele actuarem com êxito. Caso contrário, poderão optar por forçar o outro a jogar num palco conhecido.

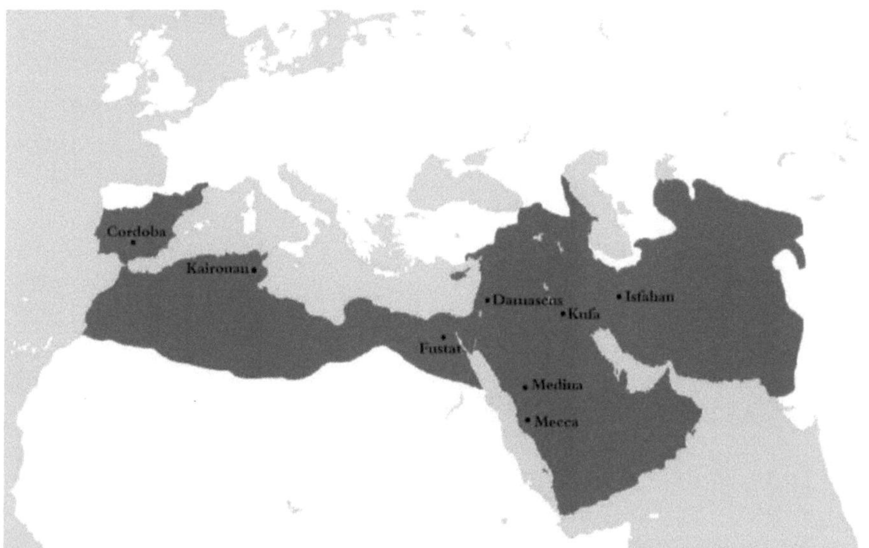

Figura 4 - O Califado Omíada. Embora já não exista, continua a ser um domínio inspirador para certos ramos do islamismo.

O problema atual é que, muitas vezes, as metodologias de apoio à tomada de decisões continuam a basear-se em formas antigas de se referirem a áreas do globo quando se trata de conduzir uma decisão-chave em política, economia, forças armadas, etc. Por conseguinte, não conseguem reconhecer os aspectos multidimensionais da maioria dos fenómenos contemporâneos.[8] Pior ainda, o efeito borboleta é um dos fenómenos mais subestimados nos tempos que correm.[9] Por exemplo, qual é o impacto da questão da independência da Catalunha no interesse chinês? A declaração de independência da

---

[8] Barone, M.G., Human behaviours in crisis decision making processes: current trends, T.note n.20, TWAI - Torino World Affairs Institute, 4 de outubro de 2016. Disponível em:
https://www.twai.it/magazines/human-behaviours-in-crisis-decision-making-processes-current-trends/
[9] Wildman, D., Geopolitical Risk: The Butterfly Effects and Black Swans, in FTI Journal, novembro de 2015. Disponível em
http://www.ftijournal.com/article/geopolitical-risk-the-butterfly-effect-and-black-swans

Catalunha em relação a Espanha pode contribuir para enfraquecer a coesão territorial da UE, que já está comprometida por inúmeras tendências prejudiciais, como as agendas nacionalistas na Polónia e na Hungria, as migrações, as posições divergentes em relação à Rússia, etc. Entretanto, a maioria das iniciativas chinesas no âmbito da grande estratégia OBOR (One Belt One Road) assenta na liberdade de circulação na Europa. Por conseguinte, a China acredita que a coesão europeia é uma premissa para o sucesso da sua estratégia e preocupa-se com as tendências que podem impedir essa coesão territorial e a liberdade de circulação. Uma empresa pública chinesa ou um banco podem estar interessados em acompanhar os desenvolvimentos granulares em áreas de interesse para identificar as tendências que contribuem para formar o quadro geral. Poderão querer ter uma visão global do espaço multidimensional em que se encontram, desde o estratégico ao granular. Posteriormente, o decisor precisará de uma opção política viável para tomar decisões que têm de se basear na sua forma de ler a realidade e nos seus objectivos. Mas, se os consultores, conselheiros, académicos ou quem quer que esteja encarregado de apoiar o processo de tomada de decisão não estiverem plenamente conscientes da fase em que se encontra a ação relevante para um decisor, fornecerão aos decisores opções políticas inconsistentes. Do mesmo modo, sem um bom grau de conhecimento do número de actores que actuam no palco e dos diferentes papéis que podem desempenhar, é pouco provável que sejam escolhidas opções políticas viáveis.

3. Os actores e o seu comportamento: motores e interações

A comunidade de Estados que pode ter um impacto significativo nas principais tendências a nível global está a alargar-se.[10] Além disso, os Estados já não são os únicos protagonistas dos fenómenos internacionais, pois surgem muitos actores não estatais. Os actores não estatais incluem não só grupos terroristas ou outras organizações maliciosas, mas também empresas multinacionais, organizações regionais, ONG, etc. Atualmente, o número de indivíduos capazes de desencadear tendências globais é mais vasto do que nunca.[11] No que diz respeito ao domínio da tomada de decisões, o aumento do número de criadores de tendências constitui um desafio em si mesmo. A consciência situacional do decisor sobre os actores que actuam no seu espaço geopolítico multifacetado consiste num conhecimento abrangente de quem são esses actores, quais são os seus objectivos estratégicos, por que razão os querem atingir, com que meios e se sozinhos ou em conjunto com outros. Independentemente das metodologias que venham a ser utilizadas para fornecer ao decisor informação relevante, é natural que quanto maior for o número de actores a considerar, mais difícil será avaliar o perfil comportamental de cada um deles. Pior ainda, numa rede bem conectada, o movimento de cada ator estará relacionado com todos os outros.[12] O principal problema em fornecer ao decisor uma consciência situacional justa é que o número de variáveis que cada novo ator arrasta para todo o sistema cresce exponencialmente. Embora esta frase possa parecer auto-explicativa, a experiência que adquiri ao aconselhar decisores públicos e privados diz-me que estes conceitos são bastante nebulosos para a maioria deles. Por isso, vale a pena desenvolver os postulados acima com explicações bastante consistentes.[13]

---

[10] Groom, A.J.R., The International System in the Twenty-First Century, International Studies, Vol.47, Issue 2-4, SAGE publications, 2010, pp.113-128

[11] Weiss, T.G., Conor Seyle, D., Coolidge, W., The Rise of Non-State Actors in Global Governance - Opportunities and Limitations, One Earth Future Foundation, 2013, pp.4-22

[12] Anderson, D.H., Geopolitical risks on the rise in executive minds, Zurich Insurance Group, 18 de fevereiro de 2015. Disponível em https://www.zurich.com/en/knowledge/articles/2015/02/geopolitical-risks-on-the-rise-in-executive-minds

[13] Nota: os exemplos que se seguem requerem notas apenas para o que diz respeito à matemática, o resto foi inteiramente concebido pelo autor, reflectindo o tipo de exercícios que propõe a alguns clientes. A proposta de um modelo matemático aos decisores, sobretudo quando estes provêm de meios económicos, comerciais ou financeiros, tem-se revelado eficaz. Por experiência pessoal, sem provas matemáticas concretas, essas pessoas têm dificuldade em compreender os fenómenos comportamentais humanos, uma vez que o seu estado de espírito está mais virado para a quantificação do que para a avaliação qualitativa. Por outro lado, isto significa que provavelmente terão muita dificuldade em ler os capítulos seguintes. Além disso, a sua mentalidade é um dos

Para começar, considere uma interação entre dois actores. Imagine que existem apenas dois decisores no mundo e que o seu comportamento depende de três factores à sua escolha (por exemplo: registo económico, poder militar e um índice de credibilidade). Antes de tomar decisões, cada um dos dois decisores pode querer ter uma ideia clara do estado das relações bilaterais. Por exemplo, um deles pode querer implementar uma política que não tenha impacto na balança de poder mas que melhore a credibilidade. Assim, os três factores determinantes serão monitorizados, as dependências serão destacadas e as opções políticas viáveis serão colocadas na mesa do decisor. Como só existem três factores, o decisor pode até fazê-lo de forma autónoma, sem uma equipa de apoio à tomada de decisões.

Figura 5 - Dois actores que dependem de três motores nas suas relações.

Simplificando em demasia, esta situação pode muito bem descrever a situação do mundo durante a Guerra Fria: os principais criadores de tendências eram dois e todas as suas acções se baseavam num conjunto limitado de factores, principalmente a vitória numa corrida ao poder.[14] Com uma agenda tão simples entre dois actores, as coisas são, em princípio, mais fáceis de compreender e as decisões mais fáceis de tomar. No mundo real, as coisas não funcionaram exatamente assim. Ninguém pode argumentar que havia decisões fáceis de tomar ou que os cenários da Guerra Fria eram lineares e inteligíveis. É claro que os condutores eram muito mais do que três, o que implicava automaticamente uma dinâmica mais complexa do que o nosso exemplo, e os actores também eram mais do que dois. Do mesmo modo, este modelo simples pode

---

problemas a ultrapassar quando se trata de passar de uma avaliação baseada em dados quantitativos para uma modelação e avaliação estratégicas, que é uma disciplina bastante doutrinária. No entanto, a colocação de uma base matemática para a compreensão deve ajudar. Os comentários sobre este ponto são sempre bem-vindos!

[14] Sobre esta questão existe muita literatura, com muitas teorias diferentes. Um ponto justo sobre o tema pode ser:
Conversas com a História: Kenneth Waltz, Televisão da Universidade da Califórnia, 10 de fevereiro de 2003
https://conversations.berkeley.edu/content/kenneth-waltz

muito bem aplicar-se a duopólios no sector privado (por exemplo, Boeing vs. Airbus, Apple vs. Microsoft, VISA vs. Mastercard, etc.). Quanto menos concorrentes uma empresa tiver, menos complicadas serão as decisões. Isto não significa forçosamente que as decisões serão sempre simples. Significa, sim, que serão menos complexas do que noutros casos. Finalmente, em ambos os exemplos, os actores públicos e privados podem até decidir jogar simetricamente, espelhando assim a estratégia do outro para não acrescentar outros factores às interações bilaterais (mas esta é uma questão de estratégia que abordaremos mais tarde).[15]

Assim, apesar da simplicidade teórica do modelo, a decisão nunca foi tão fácil como parece. Além disso, os condutores ajudam a ler a situação dos actores, os dilemas e as jogadas possíveis, mas não dizem nada sobre a estratégia de cada ator. A estratégia escolhida por cada ator para influenciar os condutores a seu favor, para criar novos condutores ou para eliminar outros será discutida separadamente. Por agora, é importante perceber que a leitura exaustiva de um cenário com dois ou mais actores é difícil por si só, e é muito difícil que uma forma descomplicada de ler fenómenos complexos seja exacta. Em vez disso, hoje em dia, é possível encontrar simplificações excessivas em cada esquina, com muitos políticos e líderes de opinião a apresentarem soluções simples para questões complicadas. As páginas que se seguem irão provavelmente persuadir o leitor de que os "fornecedores da verdade" baratos são mentirosos em todos os casos, uma vez que é pouco provável que tenham uma ideia abrangente do panorama geral.

3.1 Complexidade da leitura através da matemática

Admitindo que podemos explicar os comportamentos humanos com números, a relação entre mais de dois actores que baseiam o seu processo de decisão em três factores pode ser ilustrada através da lente da matemática. Um sistema de dois decisores que raciocinam de acordo com um número finito de factores é relativamente simples de compreender. Mais uma vez, não sabemos nada sobre a estratégia dos intervenientes, mas agora sabemos que cada interveniente terá de lidar com três factores. Assim, ao construir uma estratégia para lidar com o outro, cada ator que quisesse estar perfeitamente informado teria de explorar três factores na construção ou gestão da sua relação com o outro. Mas o mundo é mais complexo do que isto, pois os factores são mais, e até os actores. De facto, suponhamos que agora um terceiro ator remodela o nosso mundo ideal de dois blocos.

---

[15] Conversas com a História: Kenneth Waltz, Televisão da Universidade da Califórnia, 10 de fevereiro de 2003 https://conversations.berkeley.edu/content/kenneth-waltz

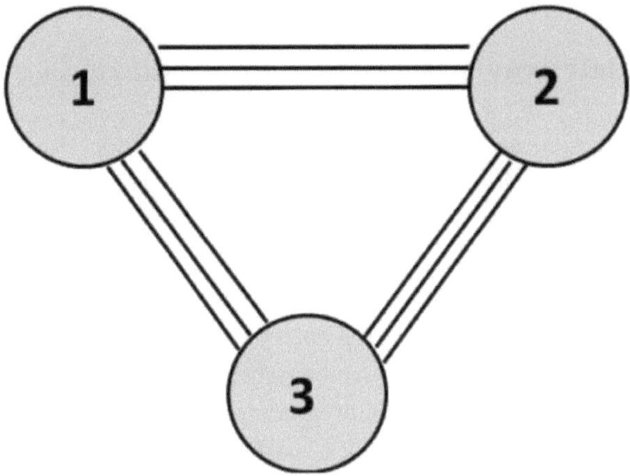

Figura 7 - Três sujeitos a lidar com uma relação baseada em três condutores

Para simplificar, suponhamos que até o terceiro ator se relaciona com os dois primeiros através dos mesmos três factores. Neste caso, ao construir uma estratégia para lidar com o outro, cada ator que quisesse estar perfeitamente informado teria de explorar nove factores na construção ou gestão da sua relação com os outros. Com apenas mais um ator, o nível de complexidade do sistema triplicou. Num ambiente multipolar, por exemplo, com 5 pólos, ou num mercado com 5 intervenientes (pressupondo sempre relações mútuas baseadas apenas em três factores), o número de factores a ter em conta para obter uma informação perfeita aumenta para 30. Em teoria, o decisor perfeitamente consciente deve agora ter em mente 30 factores que moldam o seu mundo ao tomar uma decisão, independentemente da estratégia que decida adotar.

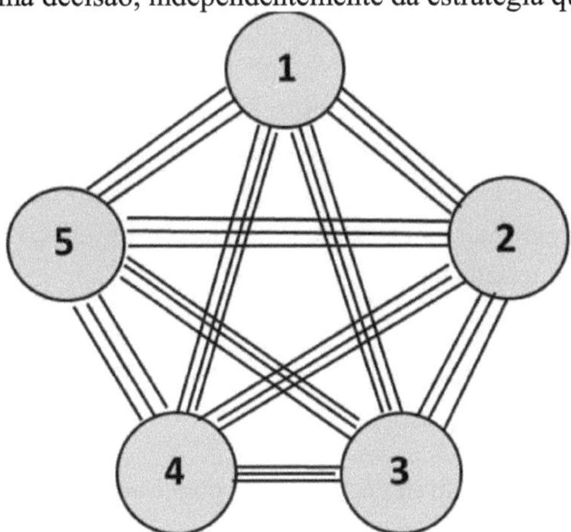

Figura 6 - Cinco sujeitos a lidar com uma relação baseada em três condutores

3.2 Ler os factores de interação através da análise combinatória

Neste ponto, é altura de recordar que o palco em que os decisores irão atuar não é estático, mas sim um espaço geopolítico com várias camadas. Por conseguinte, cada fator não é um elemento estático, mas está interligado com os outros factores. Cada fator influencia e é influenciado pelos outros. Assim, para além das acções dos decisores sobre o motor, a vida de cada motor é perturbada pelos outros. As interações entre os condutores podem ser ilustradas através da análise combinatória.[16] Mais uma vez, a matemática pode dar-nos uma imagem do comportamento humano para facilitar a sua compreensão. Dito isto, as interações entre condutores (por qualquer razão) podem ser rotuladas como variáveis, combinações possíveis de condutores que se influenciam mutuamente, um a um ou em grupos.

O número de condutores é indicado com d, e o número de condutores que tomamos em consideração para cada interação é indicado com i. O resultado C é o número de combinações possíveis que os condutores podem ter em relação aos actores. A fórmula geral é a seguinte:

$$C_{d,i} = \frac{d!}{i!\,(d-i)!}$$

O número de interações de dois condutores num sistema de dois intervenientes será:

$$C_{3,2} = \frac{3!}{2!\,(3-2)!} = \frac{6}{2} = 3$$

Assim, a análise combinatória confirma que um sistema de dois decisores que raciocinam de acordo com um número finito de factores é relativamente simples de compreender. Mais uma vez, não sabemos nada sobre a estratégia dos intervenientes, mas agora sabemos que cada interveniente terá de lidar com três factores e terá de considerar três possíveis interações de dois factores entre eles. E se os condutores fossem 10? Neste caso, teríamos:

$$C_{10,2} = \frac{10!}{2!\,(10-2)!} = \frac{3.628.800}{80640} = 45$$

Em resumo, ao elaborar uma estratégia para lidar com o outro, cada ator que quisesse

---

[16] Análise combinatória. Enciclopédia de Matemática. Disponível em:

estar perfeitamente informado teria de avaliar 45 combinações de interação entre dois condutores dos dez condutores. Além disso, terá de considerar que, num sistema de 10 condutores, os condutores podem interagir entre si em combinações múltiplas. De facto, se tentarmos escolher interações de três condutores, o número de combinações a considerar é:

$$C_{10,3} = \frac{10!}{3!\,(10-3)!} = \frac{3.628.800}{30240} = 120$$

And so forth:

$$C_{10,4} = \frac{10!}{4!\,(10-4)!} = \frac{3.628.800}{17280} = 210$$

$$C_{10,5} = \frac{10!}{5!\,(10-5)!} = \frac{3.628.800}{14.400} = 252$$

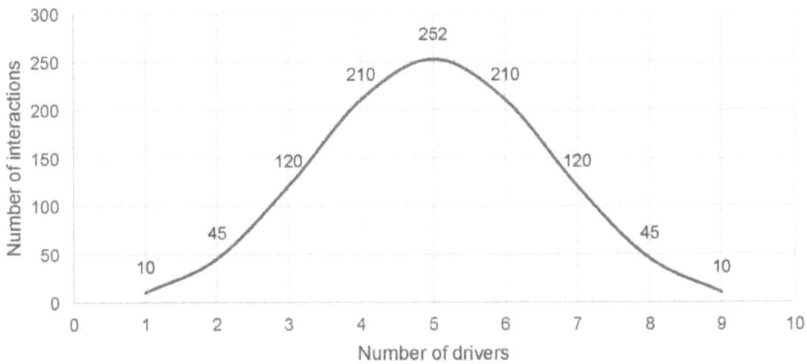

Figura 8 - Distribuição gaussiana das interações entre condutores num sistema em que dois actores decidem sobre dez condutores.

A soma de todas as combinações possíveis entre os factores fornece o número total de variáveis que o decisor terá de considerar ao tomar uma decisão. Num sistema simples de dois actores cujas relações se formam de acordo com 10 factores, o decisor terá de ter em consideração 1022 interações.

A Figura 4 ilustra a sua distribuição normal, com uma média de 252 ($C_{10>5}$). De acordo com a regra dos 3 sigmas, 68,27% das interações entre condutores serão interações entre quatro e seis condutores[17].

---

[17] Regra de três sigma. M.S. Nikulin (autor), Encyclopedia of Mathematics.
http://www.encyclopediaofmath.org/index.php?title=Three-sigma rule&oldid=17366

Em termos de tomada de decisão num ambiente com vários níveis, isto significa que a maior parte da dinâmica que o decisor terá de ter em consideração é bastante complexa, uma vez que consiste em vários factores concorrentes que interagem entre si. Pior ainda, vale a pena recordar que os factores de mudança não são números, mas fenómenos, o que levanta a questão da previsibilidade/imprevisibilidade. Alguns factores podem estar estritamente relacionados com as acções de uma única pessoa. Quanto mais a sua estratégia tiver uma razão de ser, mais claro será o fator de motivação, e vice-versa. Pode pensar-se que a imprevisibilidade é boa para não obrigar o adversário a prever as jogadas. Pode ser verdade nalguns domínios, mas geralmente a imprevisibilidade como estratégia tem efeitos de bumerangue consistentes que podem ultrapassar as vantagens em termos de consciência situacional. De facto, o adversário pode ficar confuso, mas o impacto dessa confusão nos outros condutores - mesmo nos que trazem vantagens - também se torna imprevisível. Claro que tudo depende da estratégia escolhida, mas, em princípio, quanto mais cristalizado for um condutor, mais ele se aproximará do modelo ideal que permite a sua análise.

Como os condutores e os actores são mais do que dois e dez, respetivamente, os números em jogo podem ser ainda maiores. Por exemplo, vamos tentar com três actores ligados através de um conjunto de três condutores:

$$C_{9,2} = \frac{9!}{2!\,(9-2)!} = \frac{362.880}{10.080} = 36$$

$$C_{9,3} = \frac{9!}{3!\,(9-3)!} = \frac{362.880}{4320} = 84$$

$$C_{9,5} = \frac{9!}{5!\,(9-5)!} = \frac{362.880}{2.880} = 126$$

E assim por diante.

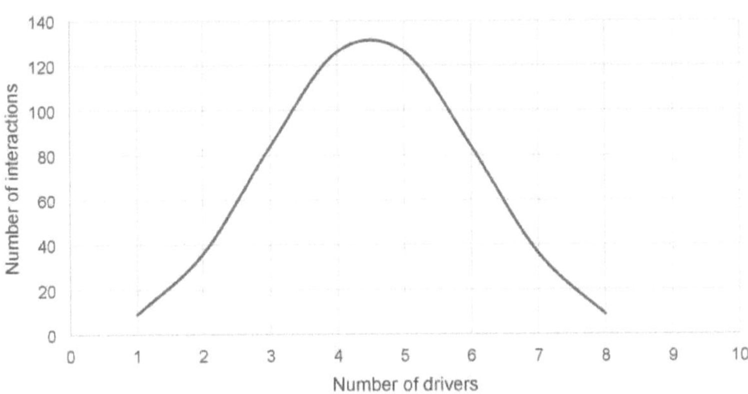

Figura 9 - Distribuição gaussiana das interações entre condutores num sistema de três actores que decidem sobre três condutores.

Com uma média de 132,4, o número total de interações possíveis é de 642,4. Recordando que, num sistema de dois actores e três condutores, as interações com vários condutores eram quatro (três interações com dois condutores + uma interação com três condutores), um ator a mais significa aumentar o número de interações em 91,77 vezes. Quanto mais condutores e intervenientes forem acrescentados, mais o modelo espelhará um sistema/mundo real de relações multi-camadas, um sistema de três intervenientes que decidem de acordo com relações baseadas em dez condutores (ou um sistema de cinco intervenientes com relações baseadas em três condutores) terá de lidar com 30 condutores e 1.073.741.822 interações.

Como último exemplo, note-se que, se tentarmos calcular as interações entre os condutores de um sistema de cinco actores que decidem de acordo com 10 condutores, o decisor terá de ter em consideração 100 condutores e um número extremamente elevado de interações. Só o número médio é:

$$C_{100,50} = \frac{100!}{50!\,(100-50)!} = 100.891.344.545.564.193.334.812.497.256$$

O que significa mais de 100 octilhões de interações possíveis entre condutores.

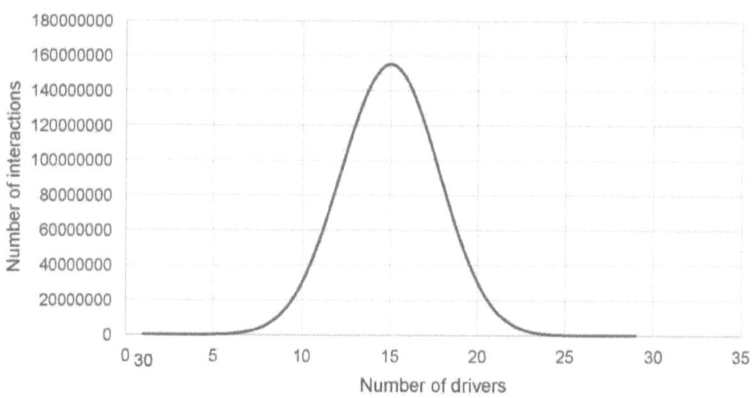

Figura 10 - Distribuição gaussiana das interações entre condutores num sistema de três actores que decidem sobre dez condutores ou num sistema de cinco actores que decidem sobre três condutores.

3.3 Lições a aprender

Tendo em conta estas demonstrações da multiplicação dos condutores, a conclusão mais fácil é que o decisor nunca estará totalmente consciente do ambiente em que se vai deslocar. Pior ainda, ter uma consciência situacional completa não significa forçosamente tomar a decisão correta em si. Pelo contrário, significa estar na melhor posição para tomar uma decisão altamente coerente e com grande impacto - se o decisor for um jogador hábil. Inversamente, é muito provável que um ator totalmente inconsciente tome uma decisão menos coerente e com menos impacto (ou pior, uma decisão contraproducente) - mesmo que seja um jogador muito talentoso. Por conseguinte, o conhecimento da situação num espaço com vários níveis é fundamental, mas há uma componente muito importante da decisão que depende de estratégias e de estrategas. É difícil avaliar se alguma vez existirá um decisor totalmente consciente, mas é bastante claro que quanto mais o decisor se aproximar dele, mais a sua escolha será consciente. Por exemplo, um piloto de caça durante a I Guerra Mundial tinha apenas uma consciência parcial do que se passava à sua volta, o que tinha um grande impacto na sua forma de tomar decisões. Atualmente, um piloto de caça tem apenas uma consciência parcial do que se passa à sua volta. No entanto, a sua consciência situacional é tão maior do que a do seu colega da Primeira Guerra Mundial que a nova geração de caças é construída de modo a proporcionar ao piloto a possibilidade de tomar decisões alguns segundos antes do inimigo. Pode parecer uma pequena vantagem, mas é considerada determinante em 80% dos duelos aéreos.[18] Do mesmo modo, a fiabilidade dos aviões é muito maior do que no passado porque

---

18 Tellis, A.J. Dogfitht! - India's Medium Multi-Role Combat Aircraft Decision, Carnegie

A tecnologia e o pessoal mais preparado podem dominar muitos condutores. Em suma, vale sempre a pena estar o mais atento possível. Para o fazer, como no exemplo dos pilotos e dos aviões, é possível alargar os conhecimentos. Isto requer trabalho, tempo e paciência. Quando as coisas evoluem rapidamente, o decisor pode ver-se incapaz de alargar rapidamente os seus conhecimentos. Nesta fase, pode considerar aumentar a sua consciência, trabalhando para reduzir os actores ou as variáveis, de modo a reduzir o campo a explorar em várias ordens de grandeza. Atualmente, assiste-se a uma corrida à informação na tentativa de preencher os vazios de conhecimento. Com demasiada frequência, esquece-se - mesmo por decisores de alto nível, como governos ou grandes empresários - que trabalhar para reduzir o tamanho do emaranhado pode ser mais eficaz do que tentar correr atrás de cada fio.

3.2 Conclusões estratégicas

Embora esta parte não seja estritamente sobre estratégia, a consciência situacional faz parte de qualquer estratégia. Algumas observações sobre o que foi discutido até agora podem aplicar-se a qualquer estratégia, ampliando os seus pontos fortes e compensando os seus pontos fracos:

- Trabalhar na redução de actores e/ou condutores diminui em várias ordens de grandeza o número de coisas a ter em conta. Quanto maior for o número de actores, maior será a dificuldade de alcançar o conhecimento da situação.
- O número de interações para cada novo condutor cresce muito menos do que o número de interações para cada novo ator. Assim, a redução do número de actores é a forma mais eficaz de diminuir em várias ordens de grandeza o número de condutores a ter em conta.
- Os factores de mudança não podem ser eliminados, mas podem ser cristalizados. Por exemplo, um grupo de decisores de uma mesma área ou de um mesmo sector pode decidir regular um condutor através de regras comuns. Consequentemente, o condutor conduzido através de um quadro regulamentar - admitindo que todas as partes interessadas o respeitarão - pode ser considerado uma constante, e todo o sistema tornar-se-ia mais simples de compreender. Em teoria, cada decisor consciente deste facto deveria tender a cooperar com os outros neste sentido. E, mais uma vez, quanto menos decisores fizerem parte do sistema, mais fácil será o processo de negociação.
- Um subproduto da cristalização dos factores de mudança pode ser a concentração numa série de factores relevantes, prestando pouca ou nenhuma atenção aos que têm um fraco impacto nas relações entre os intervenientes. Para isso, é necessário um acordo (deliberado ou involuntário ou tácito) sobre os factores importantes para as relações mútuas entre os actores.

Em suma, a mensagem mais convincente a reter é que, neste caso, a dimensão é realmente importante. Em espaços geopolíticos complexos e multifacetados, onde vários intervenientes tomam decisões, um conhecimento deficiente da situação, em consequência do aumento do número de intervenientes e de factores, pode ser fatal para um ou mais intervenientes ou conduzir todo o sistema ao caos.

4. A importância de ter uma (boa) estratégia

A consciência da situação é uma condição prévia para tomar a melhor decisão, mas para a explorar os decisores devem ser jogadores hábeis na arena descrita no capítulo 2. De facto, o processo de tomada de decisão diz respeito aos comportamentos humanos que fundamentam (ou concorrem para) as vias políticas de um ator quando se trata de escolher entre múltiplas opções.

4.1 O que é uma estratégia hoje em dia?

Se fosse possível o conhecimento total da situação, o decisor estaria a jogar jogos de informação completos a nível global. Por conseguinte, seria um jogador de um jogo de estratégia pura, em que o seu objetivo é estabelecer uma estratégia vencedora. Neste tipo de jogo, é possível conhecer todas as combinações possíveis e não há lugar para o risco (por exemplo, xadrez, go, mancala, damas e NIM).[19] Quanto mais se conhece o jogo, mais hipóteses se tem de ganhar. As pessoas com pouca consciência situacional ou incapazes de gerir o jogo tenderiam a perder. Naturalmente, este é o tipo de situação perfeita utilizada nas abordagens matemáticas heurísticas das teorias dos jogos.[20] Quanto à consciência situacional, quanto mais o ambiente em que o decisor se move espelhar um jogo de estratégia pura, mais fácil será tornar-se um jogador hábil. Infelizmente, todas as dinâmicas em que o decisor será arrastado são antes jogos de soma zero com n pessoas, exigindo assim estratégias mistas.[21] Como o leitor já deve ter reparado, estamos no domínio da teoria dos jogos. Como o leitor já deve ter reparado, estamos no domínio da teoria dos jogos, que é típica quando se trata de descrever o funcionamento da estratégia e o que é ganhar. O objetivo do capítulo não é repetir como a teoria dos jogos pode ajudar na tomada de decisões, pois isso é bem conhecido e o leitor pode facilmente encontrar literatura convincente sobre o assunto.[22] Em vez disso, vale a pena salientar até que ponto o decisor pode estabelecer uma estratégia mista para lidar com um jogo bastante imperfeito como é o mundo. Assim, neste caso,

---

[19] Ver, por exemplo, Berlekamp, E.R., Conway, J.H., Guy, R.K., Winning Ways For Your Mathematical Plays, A.K. Peters Ltd., Massachusetts, 2001-2004

[20] Deulofeu, J., Dilemmes De Prisonniers Et Stratégies Dominantes, RBA, 2013, p.46

[21] Uma definição correta de estratégia corresponde ao conceito de estratégia mista para fazer face a situações complexas:
Luttwak, E.N., Strategy, the Logic of War and Peace, Edição Revista e Aumentada, Harvard University Press, 2002, p. 267

[22] Acima de tudo, a obra clássica em que se baseia a atual teoria dos jogos: Von Neuman, J., Morgenstern, O., Theory of Games and Economic Behaviour, Princeton University Press, 1944

a estratégia é o meio através do qual o decisor tenta alcançar um estado final desejado. Supomos que ele já está ciente de que não pode jogar um jogo de estratégia pura, pelo que terá de escolher uma abordagem sólida para um jogo de estratégia mista.

4.2 Atingir o estado final desejado

A razão de ser de uma estratégia é a procura de um ou mais estados finais ou de um novo normal. Para os jogos de estratégia puros, o estado final desejado é ser o vencedor; para os agentes económicos, trata-se de obter lucros, mas os estados finais desejados podem ser de qualquer natureza, bem como os meios para os atingir[23].

Um decisor pode optar por perseguir um estado final sem ter uma estratégia (não seria sensato, mas acontece), mas não pode ter uma estratégia sem definir um estado final desejado.[24] Então, não deveria ser este o primeiro parágrafo? Não, porque a capacidade de definir ambições proporcionais às capacidades de cálculo próprias e aos conjuntos disponíveis concorre para o sucesso de uma estratégia.

Em suma, o decisor tem de se movimentar num espaço multifacetado em que conhece os factores e as variáveis e estabelecer um conjunto de estados finais desejados em função dos quais a sua estratégia se desenvolverá.

Existem diversas formas de desenvolver uma estratégia coerente e coesa para jogar em jogos de soma não zero com n pessoas, mas podemos concordar que cada abordagem reflecte uma hierarquia de tomada de decisões de base que é amplamente aceite[25]:

1. Mapeamento: identificação e classificação (por relevância e/ou importância e/ou gravidade) das partes interessadas que a estratégia aborda. O exercício de mapeamento pode incluir registos económicos, impacto potencial na vida do decisor, independência, liberdade de ação, economia, política e tudo o que for considerado relevante. Em perspetiva, as partes interessadas podem também ser classificadas determinando se são amigas ou inimigas na prossecução dos objectivos e/ou o que representaria uma ameaça ou uma oportunidade (por exemplo, através de análises SWOT).

---

[23] Bradley, C., Angus, D., Smit, S., The Strategic Yardstick You Can't Afford To Ignore, McKinsey Quarterly, outubro de 2013
https://www.mckinsey.com/business-functions/strategy-and-corporate-finance/our-insights/the-strategic-yardstick-you-cant-afford-to-ignore

[24] Bradley, C., Angus, D., Montard, A., Mastering the Building Blocks of a Strategy, McKinsey Quarterly, outubro de 2013
https://www.mckinsey.com/business-functions/strategy-and-corporate-finance/our-insights/mastering-the-building-blocks-of-strategy

[25] Roger, M.L., Five Questions to Buils a Strategy, Harvard Business Review, 26 de maio de 2010.
https://hbr.org/2010/05/the-five-questions-of-strategy

2. Estabelecimento do estado final desejado: definição da vitória do jogo no que respeita ao mapa das partes interessadas e ao consequente conjunto de factores que serão importantes. Nesta fase, o decisor define o nível de ambição da sua estratégia e o que pretende alcançar exatamente com ela. Além disso, poderá ter de estabelecer quais os estados finais que são tão desejáveis que está disposto a apostar tudo. Nalguns casos, estas fronteiras são necessárias para limitar os meios, caso contrário podem incluir praticamente tudo (por exemplo, matar um adversário/concorrente, torturar alguém, lançar uma arma nuclear, etc.).

Os pontos 1 e 2 representam os cavalos em que o jogador está a apostar. Podem ser executados ao mesmo tempo ou por ordem diferente. No entanto, se passarmos o ponto 2 em primeiro lugar, podemos ser obrigados a passá-lo novamente muitas vezes. Em vez disso, a execução do ponto 1 em primeiro lugar contribui, mais uma vez, para a consciencialização, pelo que torna a escolha do estado final mais proporcional ao que é possível obter num determinado ambiente com várias camadas. De acordo com estes dois pontos, o decisor irá:

3. Estabelecer os objectivos primários das acções específicas que irá realizar para atingir o estado final desejado.

Se o decisor for uma única pessoa, então pode avançar, caso contrário, tem de se certificar de que todos os seus órgãos subordinados compreendem e concordam com os objectivos que as acções que irão realizar irão herdar. O acordo sobre os objectivos permite:

4. Especificação das missões que o decisor - ou um organismo dedicado à prossecução do estado final - terá de realizar para atingir os objectivos (que concorrem para determinar o estado final).

Este processo pode ser designado por elaboração de políticas e é dirigido pelo decisor (talvez apoiado por conselheiros específicos) ou, de qualquer modo, pelos órgãos hierárquicos superiores. Posteriormente:

5. Atribuição de tarefas: definição de tarefas individuais no âmbito de missões. Se as tarefas não forem executadas diretamente pelos decisores, a consulta do(s) órgão(s) executivo(s) responsável(eis) pela execução das tarefas pode ser um bom complemento para a estratégia.

Uma vez definidas e atribuídas as tarefas, os pormenores podem ganhar forma.

6. Viabilidade: as missões e tarefas devem ser viáveis e proporcionais aos recursos disponíveis. Caso contrário, o decisor poderá ter de recomeçar a partir do ponto 3 (ou superior). Consoante o tipo de estado final, a viabilidade pode incluir a exequibilidade económica e/ou a acessibilidade financeira e/ou a sustentabilidade.

7. Conjuntos de ferramentas: a execução de tarefas e missões requer um ou mais conjuntos de ferramentas. Estes podem incluir metodologias específicas, equipamento, materiais, activos, etc. Este processo pode ser ascendente, uma

vez que os executivos podem ter percepções diretas dos aspectos mais granulares (mas o decisor pode considerar necessário não dar a conhecer aos executivos inferiores os objectivos primários e/ou os estados finais desejáveis). Existem variantes deste esquema geral, mas é improvável que um decisor que salte uma destas etapas fundamentais apresente uma estratégia coerente e consistente, dificultando assim a possibilidade de atingir o estado final desejado. De facto, os erros de planeamento da estratégia são os mais difíceis de reajustar e constituem uma das maiores preocupações dos decisores de topo.

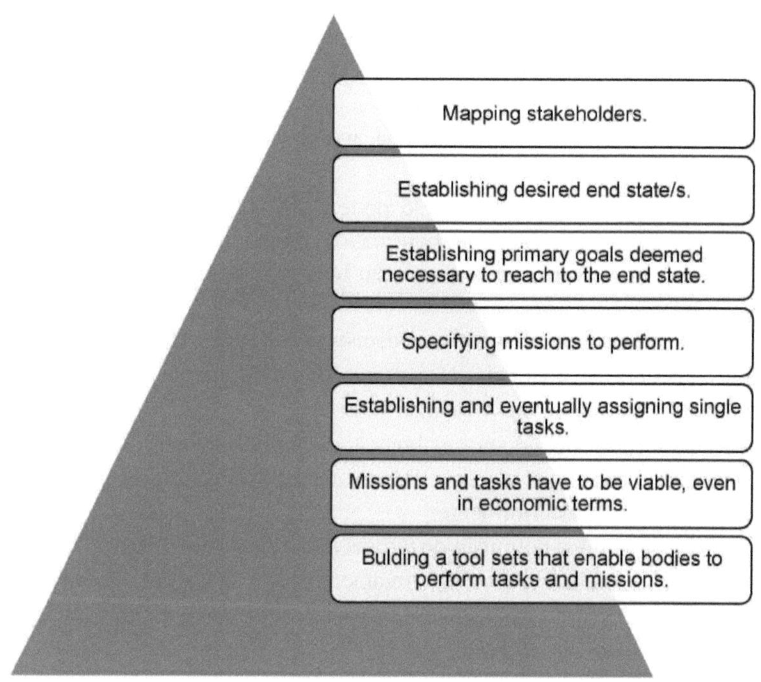

Figura 11 - Hierarquia da construção de estratégias.

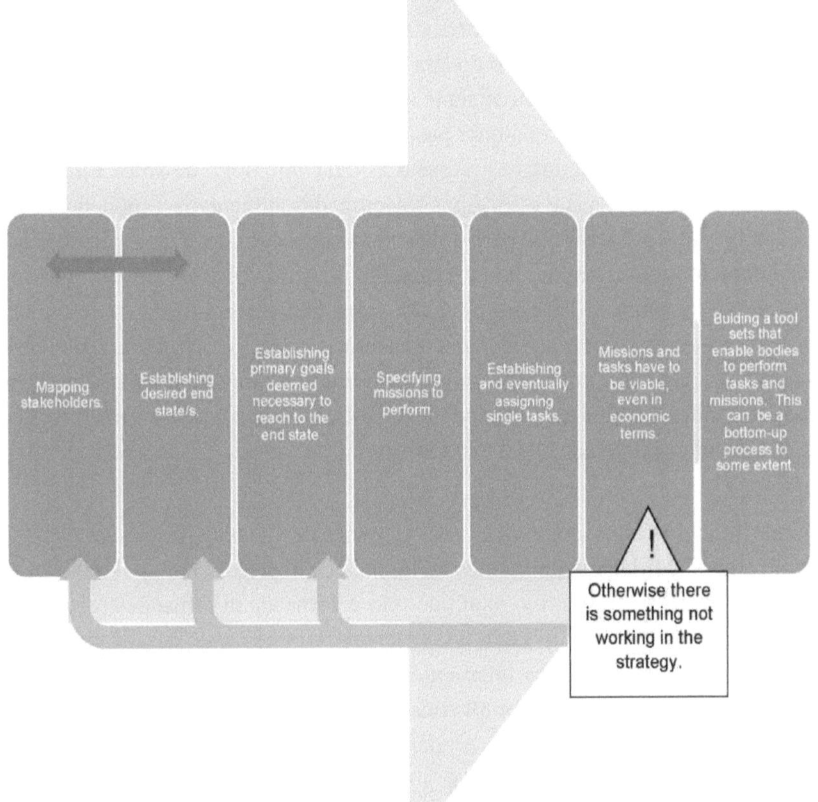

Figura 12 - Execução de um processo hierárquico de construção de estratégias

4.3 Fazer avaliações e preencher os espaços em branco

Quais são os critérios para preencher o espaço em branco do esquema proposto acima (mapeamento, estabelecimento do estado final, etc.)? E depois de o terem feito, como é que os decisores podem avaliar quais as acções que serão coerentes com a estratégia estabelecida? No mundo ocidental, a tomada de decisões públicas e privadas assenta em dois modelos principais de avaliação - de forma mais ou menos consciente.
Em primeiro lugar, o modelo realista e realista neoclássico é emprestado do domínio económico e é construído em torno do conceito de maximização da utilidade. O cálculo

político baseia-se em duas variáveis principais, a utilidade e a probabilidade, para cada opção política. O decisor, idealmente plenamente consciente de todas as alternativas possíveis, optará pelo seu melhor interesse de acordo com considerações de custo-oportunidade - e isto é muitas vezes considerado como a base da racionalidade.[26] É bem sabido que tais condições não podem ser satisfeitas na totalidade no mundo real e, a propósito, aplicar-se-iam efetivamente apenas a um jogo de soma zero entre duas pessoas. Mesmo supondo que qualquer pessoa pudesse determinar com certeza o seu maximin, se três ou mais actores estivessem a jogar um "jogo de soma diferente de zero", o número de variáveis e estratégias relacionadas aumentaria exponencialmente para cada ator adicional arrastado para o jogo.[27] Por conseguinte, é fácil perceber que a dinâmica contemporânea não pode ser explicada de forma proficiente apenas através da caixa de ferramentas custo-oportunidade. Com efeito, essa caixa de ferramentas passou por momentos difíceis ao lidar com conflitos passados e ao fornecer modelos de previsão fiáveis para lidar com os fenómenos do terrorismo internacional. No entanto, uma parte considerável dos actuais modelos analíticos de avaliação e gestão de riscos baseia-se em índices derivados de teorias utilitárias de tomada de decisões.

O segundo modelo inspirador nasceu das primeiras críticas às teorias realistas e é conhecido como abordagem cibernética da tomada de decisão. Para apoiar o processo de tomada de decisão, o objetivo analítico não é fornecer informações relacionadas com o valor, mas sim seguir algumas variáveis simples que desencadeiam uma mudança de comportamento nos intervenientes. Em suma, o que está em causa é a qualidade e não a quantidade. A complexidade tem de ser desarticulada em elementos mais simples, mais fáceis de compreender. Este processo baseia-se na seleção de alguns factores principais através de uma abordagem holística. O decisor controla um pequeno conjunto de variáveis críticas que lhe permitem compreender os principais factores desencadeadores da dinâmica com que está a lidar e decidir em conformidade.[28] No entanto, os cenários actuais são tão complexos que, mesmo reduzindo sensivelmente o número de variáveis, podem ser esmagadores. Além disso, as abordagens cibernéticas dependem, na sua fase de decisão, da última escolha do

[26] Snyder, R., Bruck, H., Sapin, B., Hudson, V, Foreign Policy Decision-Making, Palgrave Macmillan US, 2002, p.176

[27] Duffy, J., Game Theory and Nash Equilibrium, Lakehead University, Thunder Bay, Canadá, 2015, pp.25-32
Disponível em: https://www.lakeheadu.ca/sites/default/files/uploads/77/images/Duffy%20Jenny.pdf
[28] Steinbruner, J.D., The Cybernetic Theory of Decision: New Dimensions of Political Analysis, Princeton University Press, 2002, pp.47-87

decisor, que avaliará em função de critérios subjectivos como a perceção, o conhecimento da questão, a impressão dos actores, as crenças, a pressão política e até o nível de [stress29].

Em suma, ambas as abordagens - e os seus métodos analíticos derivados - são menos eficazes do que deveriam em teoria, porque os decisores podem escolher sem terem plena consciência do impacto que a sua escolha terá para cada opção política, ou raciocinando numa escala de valores que é independente do seu melhor interesse. Consequentemente, nos momentos em que o número de actores aumenta - bem como o número de
variáveis que os decisores têm de ter em conta ao decidirem -, a imprevisibilidade é muito maior do que no passado30.

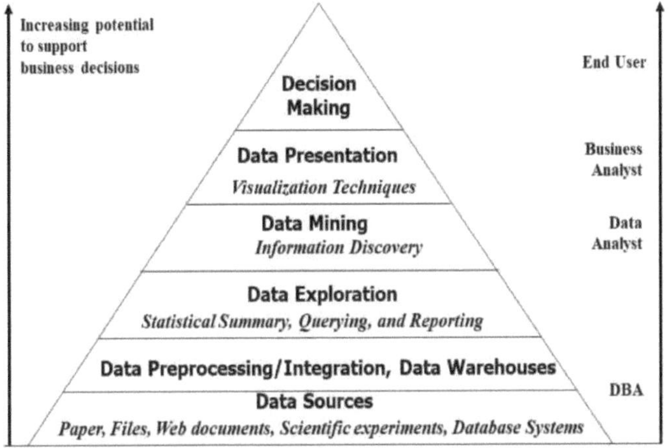

Figura 13 - Um esquema típico de extração de dados. A análise qualitativa está completamente ausente e é deixada para os órgãos superiores. No entanto, a sua perceção dos aspectos granulares limitar-se-á apenas aos dados, com pouca contextualização.

Os modelos de tomada de decisão estão em crise profunda devido à sua crescente inadequação aos cenários geopolíticos actuais e futuros. Modelos analíticos sofisticados e tecnologias avançadas de extração de dados alimentaram a ilusão de compensar as lacunas metodológicas com uma maior capacidade de gestão de um grande número de variáveis. No entanto, até à data, estes modelos não conseguiram evitar catástrofes para actores com grandes capacidades económicas e operacionais. De facto, as plataformas de hardware e software de ponta oferecem capacidades

---

[29] Steinbruner, J.D., *ibid.*

Ver também Singer, P.W., Corporate Warriors: The Rise of the Privatized Military Industry, Cornell University Press, Nova Iorque, 2008, pp.191-205

extraordinárias para executar métodos de análise descritiva de forma eficaz e precisa. No entanto, quando confrontados com os recentes problemas estratégicos, parece que o processo através do qual a informação é recolhida, as tendências são analisadas e as decisões são tomadas desenvolveu falhas. O advento dos monitores de risco e segurança, dos alimentadores de notícias e de outras plataformas de software capazes de fornecer um conhecimento granular do que acontece alimentou a ilusão de que saber quem faz o quê e onde permite automaticamente tomar a decisão correta. Em vez disso, há um défice na capacidade de ligar os pontos para gerar pensamento estratégico. Em suma, as metodologias actuais, desenvolvidas por tecnologias avançadas, estão a fornecer um fluxo excessivo de micro-informação e elementos insuficientes para o pensamento estratégico. Muitas vezes, o decisor arrisca-se a ter todos os ingredientes de que necessita, mas não tem a receita para os fundir. Embora as capacidades actuais permitam rapidez e precisão na recolha de informações, os decisores não dispõem das informações pertinentes mais adequadas para preencher o espaço em branco da sua estratégia e para a executar. A lente focalizada proporcionada pelo excesso de informações não relevantes tem sido utilizada para tomar decisões estratégicas, que necessitam de informações menos pormenorizadas, mas mais consistentes, sobre as razões pelas quais os intervenientes agem de uma determinada forma e não de outra, se têm uma estratégia e se a estão a gerir eficazmente ou não. Este processo tem sido designado por "fetichização dos dados".[31] Tendo em conta o que discutimos até agora sobre o espaço geopolítico, os actores, os impulsionadores e a estratégia, o que está a correr mal? Uma compreensão do mundo baseada em dados - em vez de uma abordagem abrangente à tomada de decisões conscientes - significa que os cenários têm de ser divididos em partes mensuráveis.[32] De facto, para que os sensores e o software forneçam um fluxo constante de análises descritivas, são necessárias métricas objectivas. Os dados quantitativos têm de ser objectivos, não ambíguos e escaláveis. Dados como estes são muito mais fáceis de manusear do que factores complexos feitos de comportamentos humanos. No entanto, a compreensão profunda, localizada e contextual dos dados é algo diferente que não pode ser realizado por software, uma vez que é necessário compreender várias dinâmicas e não há forma de as medir. E os métodos obsoletos permaneceram obsoletos nas suas premissas (por exemplo, maximização da utilidade, racionalidade, etc.) independentemente do seu nível extremo de precisão que a tecnologia permite. Assim, a ilusão de compreender

---

[31] Krohley, N., The Intelligence Cycle is Broken. Eis como corrigi-lo, Instituto de Guerra Moderna, 24 de outubro de 2017. Disponível em

https://mwi.usma.edu/intelligence-cycle-broken-heres-fix/

[32] Krohley, N., ibid.

apenas através da informação é muito elevada. Em vez disso, compreender significa, antes de mais, perceber como funciona a dinâmica do mundo atual e qual o significado de cada informação adicional na competição em que o decisor se vê arrastado. Em suma, analisar para decidir deve ser uma abordagem descendente e não um processo estimulado pelo lado da oferta e dependente da tecnologia.

4.3 Tomada de decisões em situações de crise

Na verdade, um vasto leque de actores concorre para moldar as crises actuais e o Estado já não é o único decisor relevante no terreno. Além disso, como sabemos, os novos actores e os seus decisores jogam num espaço geopolítico multidimensional, cujas caraterísticas específicas já não são apenas a geografia, a política e a economia. Até à data, a tomada de decisões já não se resume a um Estado que decide como, quando e porquê intervir. Consequentemente, os modelos acima referidos e já pouco eficazes já não se aplicam. De facto, é quase impossível compreender e/ou impedir o comportamento dos actores não-estatais através desses modelos, uma vez que a sua forma de pensar não corresponde ao conceito de racionalidade pensado para esquemas sociais rígidos (política burocrática). Além disso, para dizer a verdade, mesmo para os Estados nunca foi alcançado um conhecimento sistemático sobre os comportamentos de gestão de crises. Os decisores do Estado nunca dispuseram de um saber-fazer abrangente sobre a gestão de crises com base em experiências anteriores. Os projectos mais ambiciosos falharam, como o International Crisis Behaviour Project. Este projeto estudou mais de 470 crises internacionais e 1036 dilemas de tomada de decisão das partes interessadas.[33] A conclusão final do projeto é que ainda não existe uma teoria abrangente da tomada de decisão em situações de crise. Mesmo que existisse, teria sido influenciada pela forma ocidental de fazer política e, por conseguinte, seria pouco explicativa dos processos de tomada de decisão de organismos autocráticos ou exóticos. Embora uma "teoria das crises" não exista nem se aplique em concreto, vale a pena procurar abordagens alternativas à gestão de crises. Em particular, a nova abordagem deve basear-se numa compreensão profunda do espaço geopolítico multidimensional onde o conflito tem lugar, em vez de se centrar na análise comportamental dos intervenientes. Por exemplo, o conceito de terreno humano é cada vez mais interessante, uma vez que permite penetrar verticalmente nos cenários, desde

---

[33] O projeto ainda está em curso, mas os seus objectivos foram mudando ao longo do tempo. Atualmente, a base de dados contém informações sobre todas as crises ocorridas no período de 1918-2013. Existem também 35 conflitos prolongados. A base de dados está disponível em: https://sites.duke.edu/icbdata/

os níveis macro até aos níveis granulares de análise.[34] Atualmente, a liberdade de acesso à informação e aos meios de comunicação social faz de qualquer pessoa um potencial combatente ou um potencial influenciador. Os grupos de hackers lutarão no ciberespaço, os senhores da guerra locais ricos terão as suas milícias pessoais, e assim por diante. Num tal ambiente, os dilemas da tomada de decisões serão amplificados exponencialmente. Assim, os processos de tomada de decisão desenvolver-se-ão num quadro dinâmico e em evolução e não apenas numa área geográfica. Isto remodela a ideia de resposta ao ponto de ser cada vez mais difícil distinguir os papéis. Por conseguinte, a eficácia da resposta dependerá cada vez mais da capacidade do decisor (estatal ou não estatal) de atribuir claramente funções aos seus recursos relevantes.[35] Consequentemente, o apoio à tomada de decisões como um serviço abrangente a prestar e o conceito de terreno humano estão a preparar o terreno para abordagens alternativas à tomada de decisões, que privilegiarão a ação em detrimento da reação. As enormes potencialidades destas abordagens tornam-nas convincentes. No entanto, as suas caraterísticas mais revolucionárias podem revelar-se controversas para vários actores - especialmente para os Estados democráticos - uma vez que podem exigir que adoptem abordagens assertivas na política externa. Assim, vários Estados democráticos poderão ter sérias dificuldades em coordenar abordagens proactivas com as exigências das suas opiniões públicas. No entanto, a complexidade dos cenários actuais pode colocar a questão em termos existenciais - discuti-la-emos mais adiante.

4.4 Lições a aprender

A mensagem mais importante a reter é que não existe uma estratégia de jogo pura que se adeqúe a um dilema real de tomada de decisões, tanto no sector público como no privado. Por conseguinte, os decisores estarão sempre a jogar com estratégias mistas. Isto deixa espaço para soluções nominalmente infinitas. No entanto, existem formas rigorosas de planeamento que permitem a determinação clara de uma estratégia que se desenvolve de forma coerente com o estado final desejado. Se o processo de planeamento for rigoroso, podem ser feitos ajustamentos a qualquer momento durante a ação, desde o estratégico ao granular, o que compensa a parte do jogo que depende do número esmagador de variáveis num espaço geopolítico multifacetado. Para além disso:

- As soluções tecnológicas permitem que o decisor estabeleça estratégias cada vez

---

[34] Sims, C.J., The Human Terrain System: Operationally Relevant Social Science Research in Iraq And Afghanistan, Strategic Studies Institute e U.S. Army War College Press, dezembro de 2015, pp. 33-45
Disponível em: http://www.strategicstudiesinstitute.army.mil/pdffiles/PUB1308.pdf
[35] Sims, C.J., pp. 231-307

mais ambiciosas, uma vez que pode obter informações granulares exactas. No entanto, os avanços tecnológicos não produzem forçosamente resultados estratégicos em si mesmos. O decisor deve explorar o nível de compreensão que a tecnologia lhe permite, mas sem alimentar a ilusão de que isso lhe dará um conhecimento total da situação. Terá um conhecimento cada vez mais exato, mas nunca o panorama geral. Além disso, há tendências e fenómenos que não podem ser comunicados em números, o que aumenta a complexidade, especialmente no que diz respeito à recolha e análise de informações.

- A tecnologia e os dados executam tarefas de elevado tempo de processamento com uma eficácia inigualável em comparação com as capacidades de cálculo humanas, mas não fornecem informações em si. A tecnologia está a servir uma família inconsistente de metodologias. Por isso, não importa o quanto ela evolua, a menos que surja uma nova abordagem para a tomada de decisões.

- De acordo com o ponto anterior, o sucesso de uma estratégia pode depender mais dos contributos contextuais e da direção estrutural de pessoal altamente qualificado que pode utilizar a tecnologia como multiplicador de força da perícia humana na tomada de decisões. Não obstante, os actuais conjuntos de ferramentas estão a tornar-se obsoletos para proporcionar uma compreensão profunda da complexidade atual - e para dar corpo a esforços de planeamento estratégico adequados. Assim, o pessoal qualificado com conjuntos de ferramentas obsoletos não é suficiente. Chegou a altura de ter outro nível: pessoal qualificado para trabalhar com novas metodologias. Tendo em conta a complexidade atual, poderá ser necessária uma metodologia personalizada, dependendo do estado final desejado, do sector, dos recursos disponíveis, etc.

- Um bom planeador estratégico é alguém que constrói uma estratégia completa, coerente e coesa em relação aos estados finais desejados. Um bom decisor é um indivíduo ou um grupo de indivíduos capazes de gerir eficazmente essa estratégia através de acções inteligentes que garantam o máximo de hipóteses de sucesso. Além disso, o bom decisor identifica rapidamente as fugas e os pontos fracos para que a estratégia possa ser constantemente ajustada. As modificações frequentes - dadas pela aplicação rigorosa da estratégia - conduzem a melhores processos de tomada de decisão. A improvisação em relação a essa estratégia empurra para o desconhecido. No mundo atual, o desconhecido pode ser um emaranhado muito complexo - extremamente fácil de entrar, quase impossível de sair.

4.6 Conclusões estratégicas

Em suma, não há jogo sem estratégia, mas há um problema de regras do jogo atualmente. Um jogo sem regras é um perigo. A primeira decisão a tomar para jogar um jogo é pensar estrategicamente - algo que falta cada vez mais num momento histórico em que seria mais necessário do que no passado. Dentro do jogo, o decisor tem de se tornar um bom jogador. Para além da consciência do espaço multifacetado em que vai jogar e do número de factores e variáveis que provavelmente ficarão fora da sua compreensão, tem de construir uma estratégia coerente para tomar decisões coerentes.

- Idealizar o passado é o pior erro na hora de decidir. As condições do passado nunca mais voltarão, pelo que é necessário lidar com o facto de os tempos modernos exigirem novas abordagens. O que funcionou pode ser mantido, o que não funcionou deve ser eliminado. Nesta fase, o leitor terá uma boa compreensão de como é difícil tomar decisões. Assim, admitindo que o decisor fez tudo de acordo com o modelo ideal proposto - e admitindo que o modelo funciona efetivamente em todos os seus aspectos - há espaço suficiente para a imprevisibilidade. Os métodos mais eficazes para o fazer reduzem a imprevisibilidade, os métodos menos eficazes permitirão alargar o fosso entre a dinâmica do mundo e a eficácia dos processos de tomada de decisão.
- O pormenor contextual é mais importante do que o conhecimento granular. Idealmente, o decisor deve ser capaz de ter uma compreensão completa da situação, desde o nível estratégico ao granular. E o conhecimento granular deve ser substanciado por indivíduos altamente qualificados que respondam perante o topo. No entanto, como o mundo não é perfeito, a ênfase deve ser colocada na contextualização e não na granularidade. Isto é o oposto do que está a acontecer atualmente. Demasiada informação com uma contextualização deficiente e processada através de métodos obsoletos/inconsistentes é a melhor forma de fazer fracassar até a estratégia mais bem construída.
- As decisões estratégicas a nível macro não fazem sentido sem um conhecimento profundo dos pormenores a nível micro e vice-versa.

Até agora, a metodologia tem sido avaliada como inconsistente para sustentar uma estratégia consistente. Depois de termos assinalado o que continua a funcionar (ou seja, a construção da estratégia) e o que não funciona (ou seja, a produção de conteúdos), centrar-nos-emos finalmente em propostas de reajustamento dos modelos e práticas de tomada de decisão.

5. Novas formas de decidir e apoiar a tomada de decisões.

A dependência excessiva da tecnologia, numa tentativa de compensar uma metodologia obsoleta, está a impedir que o pensamento estratégico se transforme em realidade. A questão é que, sem um apoio consistente, o decisor dificilmente terá uma consciência situacional justa.[36] Ao mesmo tempo, o software está a substituir os seres humanos na recolha de dados e informações. A boa notícia é que a tecnologia ajuda a lidar com cenários extremamente complexos. A má é que esta tendência coloca uma distância entre o estratega e os subníveis necessários para cumprir as missões, as tarefas e a escolha dos conjuntos de ferramentas. Assim, o decisor ao mais alto nível arrisca-se a estar demasiado longe, física e psicologicamente, do espaço geopolítico em que está a intervir. Por conseguinte, decide frequentemente em função da semelhança com os factos no terreno. O impacto que isto tem na capacidade de preencher o espaço em branco da nossa pirâmide de planeamento estratégico é absolutamente negativo. Vamos explorar algumas soluções para colmatar esta lacuna sem renunciar às vantagens de dispor de tecnologias de ponta.

5.1 Combinar a vantagem tecnológica com estratégias eficazes

Para que seja possível uma nova abordagem, é necessário abordar e reformar três domínios de ação:

- Nível de autoridade: os níveis da cadeia identificados no ponto 4.2 que podem promulgar os modi operandi, as abordagens e as tácticas. Existem dois extremos: um em que o nível hierárquico mais elevado dita o modus operandi e o outro uma abordagem ascendente em que todos são livres de inovar.[37]

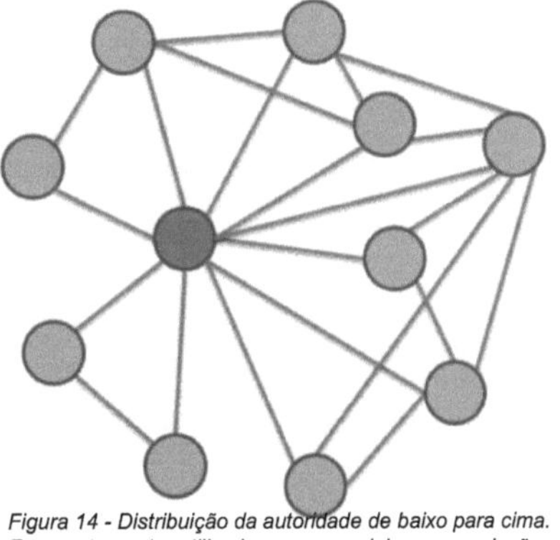

Figura 14 - Distribuição da autoridade de baixo para cima. Frequentemente utilizada como modelo para soluções tecnológicas. (Créditos: Houl0078)

Nível de complexidade do modi operandi aplicado: tendo em conta a incerteza no conhecimento da

---

[36] Krohley, N., ibid.

[37] McChrystal, S., Team of Teams, New Rules of Engagement in a Complex World, Portfolio Penguin, 2015, pp.46-47

situação e o conceito de "fricção" (emprestado de Clausewitz) que pode levar a a
conclusão de que as abordagens complexas são inerentemente instáveis em
cenários reais[38.]

- Flexibilidade dos líderes e adaptabilidade do (eventual) pessoal: a flexibilidade
  refere-se à capacidade e vontade dos líderes de se ajustarem face a ambientes em
  constante mudança com partes interessadas adaptáveis, e às competências do
  pessoal para se adaptar prontamente às mudanças necessárias. É o que se
  designa por "OODA Loop" (ciclo Observar, Orientar, Decidir e Atuar) e
  aplica-se a cada uma das etapas da pirâmide.[39]

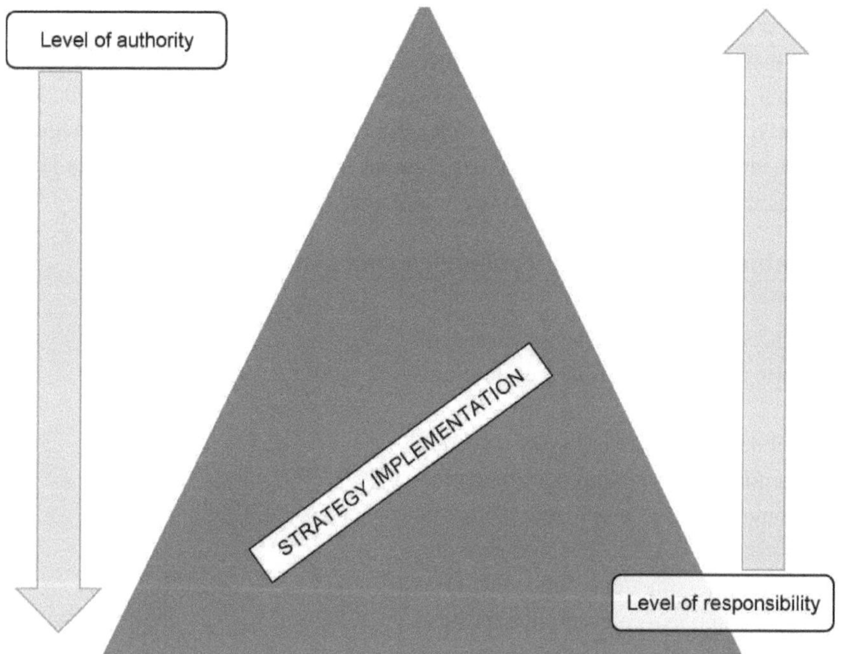

Figura 15 - Distribuição clássica da autoridade do topo para a base

[38] Von Clausewitz,C., On War, Princeton University Press, New Jersey, 1976, pp.119-121
[39] Richards, C., Certain to Win: the Strategy of John Boyd, Applied to Business, Chet Richards, 2004

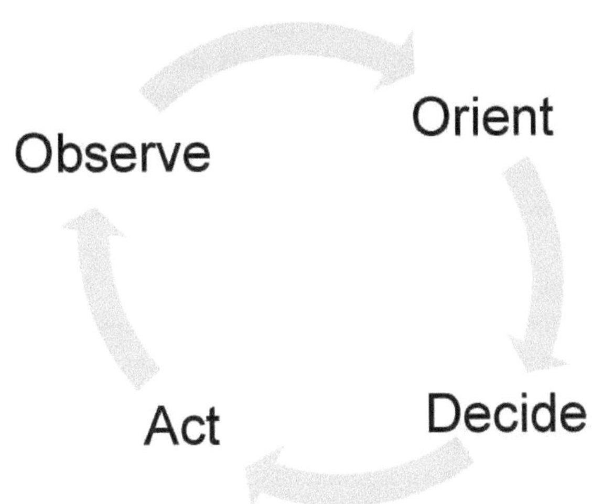

Figura 16 - O ciclo OODA

Quando o nível de autoridade para promulgar os modi operandi se situa nos altos níveis da hierarquia de comando, esses modi operandi evoluem através de um processo e tendem a ser rígidos. Atualmente, a maior parte das estratégias continua a adotar este nível de autoridade. Assim, a doutrina do decisor para aplicar a sua estratégia só permitirá pequenos desvios em relação à solução escolar. Para ser claro, tudo o que o decisor precisa para estabelecer uma estratégia coerente (ver fig.9) é explicado em pormenor, a dimensão e a natureza dos órgãos executivos, os procedimentos, os padrões operacionais, a filosofia das acções políticas e os procedimentos de comunicação. Durante muito tempo, quando o mundo não era tão imprevisível, as hierarquias rígidas e controladas proporcionavam ao decisor resultados eficazes e fiabilidade na prossecução de uma determinada estratégia.

Quando a autoridade se encontra nos degraus inferiores da pirâmide, existem diretrizes em vez de regulamentos. Assim, todas as pessoas que contribuem para fundamentar uma determinada estratégia têm liberdade e responsabilidade para testar os modi operandi recomendados e desenvolver outros melhores. A criatividade e a iniciativa individuais são encorajadas. Com pessoas competentes a aplicar este método, o decisor dispõe potencialmente de modi operandi de vanguarda e de um mínimo de efeito de surpresa para os seus adversários/concorrentes.

As abordagens puras de cima para baixo e de baixo para cima são extremos. Mas há uma forma de fundir os pontos fortes das duas. Os modi operandi simples são mais fáceis de comprometer em acções pró-activas ou reactivas, bem como menos susceptíveis de falhar em situações de stress. Incorporar a tecnologia na tomada de decisões significa manter modi operandi simples que anteriormente eram acessíveis apenas a uma minoria de indivíduos. Isto significa que hoje há espaço para adotar respostas mais flexíveis através de uma base mais alargada de executivos. Como o mundo já é complexo, as decisões a tomar podem ser divididas entre vários sujeitos, com a possibilidade de escolher o nível de autoridade em função dos recursos disponíveis.[40] Por outras palavras, quanto mais a tecnologia facilitar a vida aos executivos, diminuindo assim a complexidade, mais eles se podem tornar nós de um processo de tomada de decisão mais vasto. Assim, por um lado, os avanços tecnológicos fornecem os elementos quantitativos de análise, enquanto um nível de autoridade menos rigoroso permite a criatividade e a iniciativa. Com a proliferação mundial da tecnologia informática e da Internet, uma parte interessada reactiva tem sempre espaço para desenvolver o conjunto de ferramentas necessárias para tentar atenuar qualquer vantagem que o decisor possa ter. Atualmente, a maior parte do software está disponível mesmo no segundo ou terceiro mundo. Assim, o software em si não representa uma vantagem que possa ser mantida durante muito tempo.[41] A evolução tecnológica deve ser acompanhada de formas eficientes de equilibrar os níveis de autoridade para permitir uma melhor gestão de desafios complexos. Em suma: uma estratégia com vários níveis para um mundo com vários níveis (e com equipas de análise com vários níveis que utilizem metodologias adaptadas ao decisor e/ou à estratégia). A cadeia de comando compensaria assim a fraca capacidade de previsão/imprevisibilidade inerente, sendo suficientemente adaptável para ajustar a estratégia e o modi operandi de acordo com os erros ou fraquezas dos outros intervenientes. É imperativo que os decisores moldem sabiamente o seu conceito de estratégia e de construção de estratégias para tirar o máximo partido da nova geração de conjuntos de ferramentas tecnológicas, mas sem pretenderem substituir o operador pela ferramenta. Além disso, as decisões a tomar têm de ser divididas entre vários sujeitos, desde o único militar no terreno até ao decisor/estrategista de topo. Cada um deles terá de tomar uma pequena parte da decisão que contribuirá para o processo de decisão mais alargado no espaço geopolítico herdado pela estratégia.

Em suma, o decisor ideal de sucesso pensa estrategicamente:

- Domina as regras de um espaço geopolítico multifacetado.
- Reduz os actores e cristaliza as variáveis tanto quanto possível.
- Constrói uma estratégia sólida e coesa.

---

[40] Pensemos, por exemplo, no conceito de "Equipa de Equipas" do General McChristal. Embora a organização que ele propõe não seja a única combinação possível de pensadores estratégicos que implementam uma estratégia, essas sugestões vão na direção certa para proporcionar uma abordagem fluida a cenários fluidos.
Ver McChrystal, S., op.cit., pp.115-132

[41] Krohley, N., ibid

- Divide as decisões entre os nós.

Esta forma de conceber o pensamento estratégico abre debates interessantes sobre abordagens originais à tomada de decisões e à gestão de crises - e os consequentes conjuntos de ferramentas de apoio - que nunca antes foram explorados em profundidade.

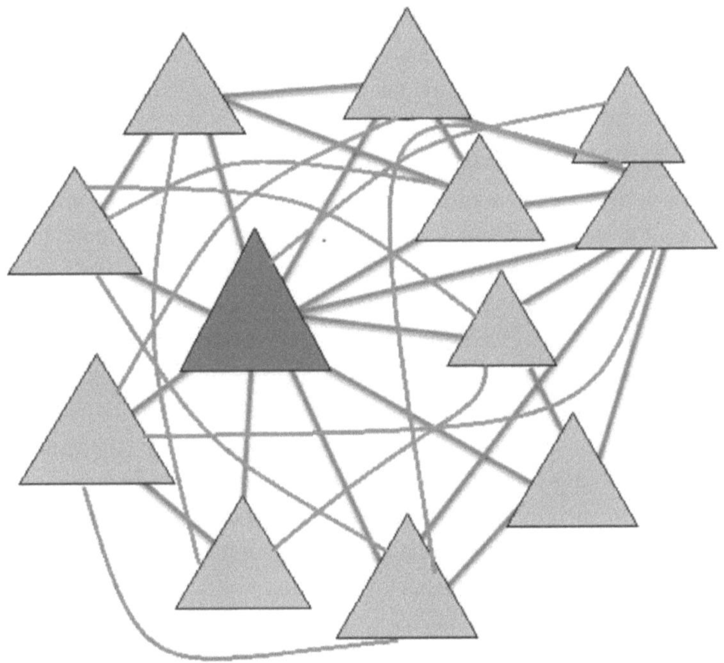

Figura 17- Uma possível combinação vencedora: uma rede assimétrica de pensadores estratégicos.

5.2 Um caso especial: a ação político-militar

As caraterísticas mais revolucionárias das novas abordagens à tomada de decisão podem revelar-se controversas para vários actores - especialmente para os Estados democráticos - quando se trata de as aplicar ao domínio político-militar. O que significaria, em geoestratégia, gerir conflitos através de um pensamento estratégico diferente? Como estas abordagens privilegiam a pro-ação em detrimento da reação, podem exigir a adoção de abordagens assertivas na política externa. Além disso, a divisão da decisão entre nós pode ter um impacto negativo na representatividade, uma vez que a maioria das decisões seria tomada por organismos não eleitos. Os países europeus, por exemplo, enfrentam desafios específicos quando tentam implementar agendas de política externa, uma vez que as suas acções são frequentemente limitadas por apelos da opinião pública para que se concentrem nos assuntos internos (bem-estar, economia, etc.) e não nos assuntos externos. Estes Estados democráticos estão presos num círculo vicioso em que não conseguem implementar estratégias de política externa bem sucedidas devido a um capital político e financeiro limitado; no entanto, é precisamente a implementação falhada de projectos de política externa que limita a quantidade de recursos (receitas, comércio e outras fichas de negociação política) de que dispõem. Admitir que ultrapassaram esses dilemas e decidiram reformular os seus conjuntos de ferramentas, essa revolução na estratégia e na modelação da tomada de decisões deve desenvolver-se através de quatro padrões estratégicos principais:

1) A ação político-militar não se desenvolve como reação a um acontecimento que tem lugar num espaço geopolítico conhecido. Pelo contrário, o teatro tem de ser moldado preventivamente pelo Estado (ou coligação) interveniente, se este quiser que a sua ação política seja eficaz. Caso contrário, como já foi referido, as variáveis a ter em conta seriam tantas que mesmo as estratégias mais sofisticadas teriam um risco elevado de falhar. Esta abordagem é tudo menos fácil, mas há vários exemplos recentes de actores que remodelaram o espaço geopolítico em seu benefício. Por exemplo, o Estado Islâmico tinha recursos limitados, mas foi capaz de ampliar os seus pontos fortes e compensar as suas fraquezas. É difícil avaliar até que ponto este objetivo foi prosseguido de forma consciente. No entanto, o Daesh perverteu a geopolítica nas zonas fronteiriças do Iraque e da Síria através de narrativas ideológicas e militares alternativas. Conseguiu criar um ambiente físico, mediático e político (especialmente a nível local) adequado às suas capacidades actuais. Paradoxalmente, o Estado Islâmico forçou os seus adversários, tanto no Iraque como na Europa, a lutar no seu campo de batalha preferido. Pior ainda, esse ambiente incluía também componentes cibernéticas, económicas e psicológicas.[42] Em suma, moldar preventivamente o teatro das acções (ou operações) políticas é fundamental para aumentar as possibilidades de sucesso e para evitar que o cenário seja moldado por outrem.
2) A ação político-militar não pode continuar a centrar-se nos centros de gravidade do inimigo. Os Estados Unidos falharam repetidamente na aplicação de doutrinas e estratégias que remontam à Segunda Guerra Mundial. A sua estratégia favorita consiste em atacar o inimigo nos seus redutos vitais com forças tecnológica e numericamente esmagadoras. As lições aprendidas por Washington dizem que esta doutrina não se aplica em teatros onde existem

---

[42] Arnaboldi, M., Il nostro giornalismo al servizio del Califfo, Il Caffè Geopolitico, 12 de maio de 2015 Disponível em: http://www.ilcaffegeopolitico.org/28962/il-nostro-giornalismo-al-servizio-dellisis

múltiplos actores, alianças em constante mudança, assimetria entre Estados e não-Estados e um domínio geopolítico multidimensional. Por conseguinte, os centros de gravidade são temporários e fazem parte de um fluxo. Além disso, o ambiente operacional pode não se assemelhar a um conflito aberto, mas pode exigir uma ação militar. As tropas americanas lutaram bem durante a Segunda Guerra do Golfo e tomaram Bagdade num curto espaço de tempo. No entanto, a geopolítica iraquiana não tinha sido reformulada antes, durante e depois da operação, de modo a poder ter um impacto abrangente no país.[43] Consequentemente, no rescaldo das operações militares, as acções políticas falharam. Como os decisores perderam o comando do domínio geopolítico onde as tropas americanas se deslocavam, a ação política seguinte não complementou as suas operações de guerra. Pelo contrário, as operações militares dos EUA alteraram os equilíbrios de forças locais a favor dos actores mais adaptáveis e à custa dos mais fiáveis.

3) Em consequência do ponto anterior, a ação militar (real ou potencial) continua a ser o cerne da intervenção em situações de crise ou de conflito, mas o seu impacto (real ou potencial) diminui se o campo de batalha não tiver sido previamente remodelado. Este elemento cria sérias preocupações na atribuição de papéis - quem faz o quê. O fornecedor de segurança terá de desempenhar tarefas civis e militares. De facto, os conhecimentos especializados para remodelar os cenários provêm sobretudo da sociedade civil (comunicações, psyops, diplomacia, etc.). São necessários peritos para modelar o ambiente de modo a que a componente militar possa cumprir as suas tarefas da forma mais eficaz e com maior impacto. As doutrinas que giram em torno do terreno humano, por exemplo, visam encontrar um equilíbrio ótimo de capacidades entre "civis em uniforme" e "soldados com conhecimentos civis".[44]

4) Os meios civis e militares têm de se tornar extremamente flexíveis para fazer face a campos de batalha dinâmicos. Quanto mais o fornecedor de segurança for capaz de remodelar o cenário de acordo com a sua caixa de ferramentas, menos

---

[43] Sims, C.J., pp.159-218

Ver também Sims, C.J., Academics in Foxholes - The Life and Death of the Human Terrain System, Foreign Affairs, 4 de fevereiro de 2016
Disponível em: https://www.foreignaffairs.com/articles/afghanistan/2016-02-04/academics-foxholes
[44] Rahbek-Clemmensen, J., Beyond 'The Soldier and the State' -The Theoretical Framework of Elite Civil-Military Relations, London School of Economics and Political Science, agosto de 2013, pp. 20-47. Disponível em:
http://etheses.lse.ac.Uk/782/1/ lse.ac.uk storage BIBLIOTECA Secundária libfile repositório partilhado Teses Conteúdo Teses%20submetidas%20por%20alunos%20%26%20alunos Live%20theses Rahbek-Clemmensen Beyond%20soldier%20and%20state.pdf

os seus recursos terão de se esforçar a nível económico, de capacidade, tecnológico e cultural. Este aspeto do Sistema de Terreno Humano dos EUA foi muito criticado, pois implicava o recurso a figuras delicadas como os psicólogos. De facto, o decisor tem de avaliar até que ponto a remodelação de um cenário é eticamente aceitável para os seus padrões e até que ponto o arrependimento de o fazer reduz as suas possibilidades de sucesso. Por exemplo, as experiências dos actores não estatais demonstram que as estratégias dos meios de comunicação social e as alavancas psicológicas são relativamente baratas e fáceis de utilizar. Por outro lado, uma operação de manutenção da paz no terreno é dispendiosa e insustentável a longo prazo. Os programas de reconstrução, o equipamento e as armas avançadas também são exigentes. Resumindo, os fornecedores de segurança que intervêm em situações de crise/conflito têm um conjunto de objectivos políticos a atingir; para serem competentes nesta matéria, precisam de encontrar o conjunto adequado de capacidades que lhes permita remodelar o cenário e levar a cabo operações (económicas, militares e políticas) no seu âmbito.

Por último, esta abordagem vai na direção oposta às tendências que consideram os soldados como meros sensores. Pelo contrário, as situações complexas exigiriam que os activos da linha da frente também pensassem estrategicamente, ou que tivessem unidades analíticas qualitativas a seu lado. Ter pensadores estratégicos no terreno traz duas vantagens principais: em primeiro lugar, os activos da linha da frente estão conscientes do seu papel exato na cadeia de implementação da estratégia, pelo que têm um melhor desempenho. Em segundo lugar, a seleção da informação relevante é mais precisa e tem o potencial de reduzir o fosso de perceção entre o estratega de topo e o nível de operações no terreno.

5.3 Observações finais

A mensagem mais importante a reter é que o mundo é demasiado complexo para se ficar em cima do muro à espera de condições favoráveis ou a tentar preparar-se o mais possível para a resposta. Desta forma, os sujeitos que detêm a iniciativa estratégica ditarão provavelmente as regras do jogo. Em vez disso, vale a pena explorar uma abordagem à construção da estratégia e aos processos de tomada de decisão que privilegie uma abordagem pró-ativa que contenha o número de ocorrências negativas no espaço geopolítico de interesse. E isto deve ser um estímulo para todos os intervenientes que têm de lidar com os actuais desafios multifacetados.

Por conseguinte, os decisores, tanto das empresas como das administrações públicas, podem beneficiar muito com o facto de saberem o que poderão comandar através do atual conjunto de ferramentas e o que não poderão. E, se pretendem ser mais significativos do que são hoje, as lacunas identificadas neste livro e as soluções propostas em perspetiva - que podem ser estudadas em profundidade se houver interesse - têm boas hipóteses de ser a direção a seguir. Em suma, repensar estrategicamente!

6. Bibliografia

Anderson, D.H., Geopolitical risks on the rise in executive minds, Zurich Insurance Group, 18 de fevereiro de 2015. Disponível em https://www.zurich.com/en/knowledge/articles/2015/02/geopolitical-risks-on-the-rise-in-executive-minds

Barone, M.G., Human behaviours in crisis decision making processes: current trends, T.note n.20, TWAI - Torino World Affairs Institute, 4 de outubro de 2016. Disponível em https://www.twai.it/magazines/human-behaviours-in-crisis-decision-making-processes-current-trends/

Berlekamp, E.R., Conway, J.H., Guy, R.K., Winning Ways For Your Mathematical Plays, A.K. Peters Ltd., Massachusetts, 2001-2004.

Bradley, C., Angus, D., Montard, A., Mastering the Building Blocks of a Strategy, McKinsey Quarterly, outubro de 2013. Disponível em https://www.mckinsey.com/business-functions/strategy-and-corporate-finance/our-insights/mastering-the-building-blocks-of-strategy

Bradley, C., Angus, D., Smit, S., The Strategic Yardstick You Can't Afford To Ignore, McKinsey Quarterly, outubro de 2013. Disponível em https://www.mckinsey.com/business-functions/strategy-and-corporate-finance/our-insights/the-strategic-yardstick-you-cant-afford-to-ignore

Carothers,T., Khatib, L., Muasher,M., Paal,D.H., Weiss, A.S., Is the world falling apart? - Q&A, Carnegie Endowment for International Peace, 14 de agosto de 2014. Disponível em http://carnegieendowment.org/2014/08/14/is-world-falling-apart/hkuw

Danforth, N., The Myth of the Caliphate - The Political History of an idea, in Foreign Affairs, 19 de novembro de 2014

Deulofeu, J., Dilemmes de Prisonniers Et Stratégies Dominantes, RBA, 2013

Duffy, J., Game Theory and Nash Equilibrium, Lakehead University, Thunder Bay, Canadá, 2015, pp.25-32. Disponível em: https://www.lakeheadu.ca/sites/default/files/uploads/77/images/Duffy%20Jenny.pdf

Flint, C., Intertwined spaces of peace and war; the perpetual dynamism of geopolitical landscapes, in Kirsch, S. And Flint, C., Reconstructing conflict: integrating war and post-war geographies, Ashgate, Farnham, 2012

Geers, K., Cyberspace and the changing nature of warfare, SC Magazine, agosto de 2008.

Groom, A.J.R., The International System in the Twenty-First Century, International Studies, Vol.47, Issue 2-4, SAGE publications, 2010

Krohley, N., O ciclo de inteligência está quebrado. Aqui está como consertá-lo, Instituto de Guerra Moderna, 24 de outubro de 2017. Disponível em https://mwi.usma.edu/intelligence-cycle-broken-heres-fix/

Luttwak, E.N., Strategy, the Logic of War and Peace, Edição Revista e Aumentada, Harvard University Press, 2002

McChrystal, S., Team of Teams, New Rules of Engagement in a Complex World, Portfolio Penguin, 2015

Richards, C., Certain to Win: the Strategy of John Boyd, Applied to Business, Chet Richards, 2004

Roger, M.L., Five Questions to Buils a Strategy, Harvard Business Review, 26 de maio de 2010. Disponível em https://hbr.org/2010/05/the-five-questions-of-strategy

Sims, C.J., The Human Terrain System: Operationally Relevant Social Science Research in Iraq And Afghanistan, Strategic Studies Institute e U.S. Army War College Press, dezembro de 2015

Singer, P.W., Corporate Warriors: The Rise of the Privatized Military Industry, Cornell University Press, Nova Iorque, 2008

Snyder, R., Bruck, H., Sapin, B., Hudson, V, Foreign Policy Decision-Making, Palgrave Macmillan US, 2002, p.176

Steinbruner, J.D., The Cybernetic Theory of Decision: New Dimensions of Political Analysis, Princeton University Press, 2002

Tellis, A.J. Dogfitht! - India's Medium Multi-Role Combat Aircraft Decision, Carnegie Endowment for International Peace, Washington

Thual, F., Méthodes de la géopolitique - Apprendre à déchiffrer l'actualité, Ellipses, Paris, 1996

Von Neuman, J., Morgenstern, O., Theory of Games and Economic Behaviour, Princeton University Press, 1944

Weiss, T.G., Conor Seyle, D., Coolidge, W., The Rise of Non-State Actors in Global Governance - Opportunities and Limitations, One Earth Future Foundation, 2013

Wildman, D., Geopolitical Risk: The Butterfly Effects and Black Swans, in FTI Journal, novembro de 2015. Disponível em http://www.ftijournal.com/article/geopolitical-risk-the-butterfly-effect-and-black-swans

Wojtan, L.S., Teaching about the Pacific Rim, em ERIC Digest No. 43, ERIC, 1987

More
Books!

info@omniscriptum.com
www.omniscriptum.com
OMNIScriptum

Printed by Books on Demand GmbH, Norderstedt / Germany